GUERRES IMPIES
DES USURPATEURS

commencées en Orient l'an 1853

SOUS LE MASQUE DE LA RELIGION ET DE L'ORDRE

SUIT UN

APPEL AUX GRECS

AVEC LA 3ᵉ ÉDITION DU MANIFESTE DE L'IMMENSE DÉSOLATION
PRÊTE A ÉCLATER SUR LA SOCIÉTÉ ET LE CHRISTIANISME

MENAÇANT PLUS SÉRIEUSEMENT
L'EXISTENCE DE L'ANGLETERRE

PAR

LE PRINCE N. STEPHANOPOLI COMNÈNE,

> « Bella, horrida bella,
> « Et thybrim multo Spumantem sanguine cerno. »
>
> La Grèce et Constantinople sont les lieux classiques de la civilisation et du christianisme. Le monde policé et chrétien leur doit justice et protection pour les délivrer entièrement des usurpateurs, des barbares et des infidèles.

PRIX : 1 FR. 25 CENT.

PARIS
CHEZ GARNIER FRÈRES, LIBRAIRES
6 RUE DES SAINTS-PÈRES ET 215 PALAIS-ROYAL

1854

— 2 —

sous la pression des moscovites, et qui est inexécutable à cause des précédents de nos expéditions et de nos conquêtes sur les bords de la Méditerranée.

Quant aux Grecs, si les Russes marchaient victorieux sur Constantinople, on les verrait se lever comme un seul homme pour occuper l'apanage de leurs ancêtres sur les bords de l'Hellespont et du Bosphore, avant que d'autres usurpateurs y viennent exercer de plus grandes et de plus durables tyrannies. Tel est l'appel que les hommes véritablement religieux et les nations essentiellement généreuses, adresseront aux hellènes, aux greco-slaves, aux autres chrétiens et aux populations indigènes de l'Orient. Les occidentaux et les catholiques sont hautement intéressés à les protéger contrairement aux Russes, afin qu'une monarchie grecque établisse une digue contre les invasions moscovites, pourvu que les Grecs, serrés entre deux usurpations et deux fanatismes, sachent se maintenir sur les limites de leur cause sacrée, sans la profaner en prenant parti de part ou d'autre. Il faut croire que les gouvernants de l'Europe civilisée ne sont pas mahométants dans le fond de leur conscience pour vouloir raviver contre eux-même le fanatisme turc. La fondation de l'empire grec devient nécessaire pour le salut commun de la civilisation, du catholicisme, de la véritable orthodoxie, de l'équilibre des pouvoirs et des principes qui régissent l'humanité. Il faut que la coalition politique de l'Europe contrairement à la barbarie conquérante soit suivie de la coalition militaire, parce que si le monde civilisé abandonne l'Orient à l'usurpation, au fanatisme et à la licence, l'Occident deviendra aussi sa conquête.

Dieu aidant par les inspirations des saintes doctrines de la civilisation évangélique, la guerre impie des turco-russes se disputant les terres classiques de la civilisation et du christianisme, deviendra une guerre sainte et légitime par la réhabilitation des nationalités et du droit des chrétiens de l'Orient, et par la nécessité de sauver l'ordre social. Alors la paix sera durable étant assise sur les bases de la religion, de la justice et de la sagesse. Quelques pas de plus vers l'Asie, la Romélie et la Pologne, et les vues politiques de l'Enfant de la Grèce, que j'ai publiées en 1841, seront pratiquées.

NOTA. — On me permettra de relever les expressions *vaniteux* et *orgueilleux* qu'un publiciste a légèrement émises contre les Grecs. Les caractères les plus sérieux qui ont élevé les vertus et les prospérités du monde civilisé sont pour la plupart grecs : depuis Homère et Aristote, Aristide, Epaminondas, saint Athanase et saint Chrysostôme, leurs ouvrages en poésie, en science, en religion, en politique, sont les modèles des intelligences supérieures. Ou les Grecs sont dans la voie du beau et du vrai, ou il y a folie dans les nations civilisées de marcher sur leurs traces. Quant aux byzantins contre lesquels on répète les lieux communs des antipathies de leurs spoliateurs, la postérité du monde coalisé leur doit respect et reconnaissance comme au patriarche Noé. Si celui-ci sauva la race humaine, les byzantins ont sauvé les chef-d'œuvres de l'esprit humain pour communiquer la civilisation à la société moderne. Cet éminent service domine tout ce qu'on peut reprocher au Bas-Empire. Les exploits récents de la Grèce indépendante identifient les hellènes modernes avec leurs ancêtres. Ils sont héritiers des terres qu'ils ont rendues classiques à la gloire de la civilisation et du christianisme.

Je dirai aux progressistes d'utopies et de récriminations qui rappellent l'occupation du trône byzantin par Baudouin, comme s'ils voulaient relever les échafaudages d'autres usurpations sur le sable des révolutions : depuis 1825 je vous appelle sur les plus belles parties du monde, d'où la souveraine justice veut bannir la barbarie pour y établir la civilisation chrétienne. La divine assistance a fait déjà prospérer nos armes en Grèce et en Algérie. Je vous offre à défendre une cause sacrée ou convergent les intérêts du monde. Vous avez les lumières et la force de la faire triompher. Votre religion et votre existence sont les plus intéressées à compléter le grand œuvre. Seriez-vous comme ces mauvais avocats ou comme ces défenseurs sans principes de justice, qui, par imprévoyance ou par corruption de parti, aban-

donnent l'opprimé à l'oppresseur barbare, et ruinent leur considération et leur fortune en laissant au déprédateur puissant le domaine que les hommes laborieux ont acquis par des travaux et des sacrifices pénibles? Que diront les soldats de nos expéditions, les philhellènes des comités grecs à la vue des russolâtres parisiens s'efforçant par l'insinuation des sophismes, de paralyser la diplomatie et la vaillance françaises, afin que la conquête russe s'établisse sur ces échelles importantes, d'où elle détruira tout ce que notre réaction civilisatrice a commencé sur les bords de la Méditerranée ou qui tâchent d'égarer la politique contre les nationalités et la religion. Dans le moyen âge les évêques auraient blâmé les prédicateurs de si mauvaises doctrines.

USURPATIONS PLUS EFFRAYANTES

Un débordement de servitudes, de déprédation et de licence militaire, menace l'ordre conservé jusqu'ici en Europe. L'invasion des calamités va porter d'abord ses ravages sur les possessions britanniques. La conquête russe franchira le Bosphore, pratiquera la spoliation sur l'Asie-Mineure et passera en Égypte. Dans sa marche irrésistible, elle hérissera de canons les Échelles du Levant, et multipliera ses flottes de pyroscaphes, les faisant monter par les marins grecs de l'Archipel. Ce sera par le nord de l'Asie-Mineure et la mer Rouge, sillonnée de bateaux à vapeur, que les Russes pratiqueront les plans de Céphalas de frapper l'Angleterre dans les Indes par la mer du Sud, afin de l'annuler en Europe et dans les autres parties du globe. C'est donc en Orient que les Anglais ont à redouter plus sérieusement la descente sur les possessions importantes qui assurent leur existence. Leur quiétude (1) à la vue de l'intrus conquérant, qui ajourne pour quelque temps l'exécution de plus audacieux projets, est une grande faute politique, lorsque les Anglais peuvent prévenir la catastrophe de la stabilité européenne.

D'un autre côté, l'intolérance religieuse des Russes portera les coups de son fanatisme dans le cœur de la catholicité. L'Épire, considéré comme annexe de Constantinople, vomira, sous prétexte de progrès orthodoxe, les phalanges moscovites sur l'Italie pour unir l'apanage du Saint-Père et lui-même à la dépendance primitive de l'empire bysantin. Tels sont les projets des zélateurs russes.

Les périls sont moins imminents pour la capitale de la civilisation; mais elle ne pourra pas se soustraire aux malheurs de l'invasion septentrionale qui, par l'ascendant subversif du droit des nations et de l'équilibre continental, verra l'impérieux conquérant détruire cette même civilisation, et disposer de ses destinées comme de celles des Orientaux, des autres Occidentaux et Méridionaux. Le système asservissant, insatiable et absorbant des Russes est plus effrayant pour tous ces peuples que celui des anciens Ottomans. Il est urgent que tous se réunissent pour en préserver le monde. Quel ne sera pas l'aveuglement social de permettre que le fanatisme moscovite vienne se concentrer sur la terre classique de sagesse et de religion aussitôt après que les héroïques Grecs y ont terrassé le fanatisme turc avec l'assistance de Dieu et des peuples civilisés.

(1) Quiétude du 7 février 1853.

IMMENSE DÉSOLATION

CONTRE LA SOCIÉTÉ ET LE CATHOLICISME

MANIFESTE

**MOYENS DE SALUT
CONTRE LES MANŒUVRES RUSSES A CONSTANTINOPLE
ET DANS LES PROVINCES DANUBIENNES.**

C'est bien mériter de la patrie, de l'humanité et du catholicisme, que d'indiquer et de pratiquer la voie sur laquelle il faut séparer la cause des Grecs de celle des Moscovites. On fera alors concourir les puissances méridionales à résoudre, à l'avantage de l'humanité, les questions politiques et religieuses de l'Orient.

Il importe de faire observer d'abord que l'envoi des flottes franco-anglaises sur la mer de la Grèce a été annoncé comme une heureuse nouvelle pour le maintien de l'équilibre continental, et pour prévenir les malheurs dont l'asservissement russe menaçait le catholicisme et la société, en allant imposer sa volonté à Constantinople par les sommations diplomatiques du prince Mentschikoff.

Je n'ai cessé, depuis le 7 février 1853, de provoquer, auprès de nos gouvernants, l'envoi de notre flotte pour communiquer avec les Dardanelles, dans le but d'arrêter les empiétements des Russes sur les droits des indigènes, et de séparer la cause des Grecs de celle des Moscovites. J'avais la conviction que les Occidentaux applaudiraient à cette résolution (1).

Mais, pour qu'elle obtienne de meilleurs résultats en faveur des Français, des catholiques, des autres Occidentaux, Orientaux et Méridionaux, il faudrait, en cas de persistance de la part des Russes, échelonner soixante mille hommes de Toulon à Constantinople, et cent mille sur la ligne du Rhin, en sommant les Austro-Prussiens d'ouvrir le passage sur la Pologne russe et de concourir à en expulser les Moscovites. Plus, il faudrait que l'alliance méridionale employât ces terres pour donner de meilleures garanties à l'Europe contre les Russes, et les forcer à indemniser le commerce qu'ils ont lésé par la perturbation du repos public. Cette résolution de fermeté serait à la fois un programme de préservation

---

(1) Même, l'abrégé de ce Mémoire a été envoyé, le 1ᵉʳ avril, à S. M. l'Empereur et à plusieurs de ses ministres.

sociale, et une déclaration que les Occidentaux et les catholiques ne veulent pas la domination russe à Constantinople. Ce serait le moyen de faire abandonner aux czars les prétentions de prédominer à Jérusalem, et de posséder le Bosphore, sous prétexte de protéger leurs coreligionnaires. Les chrétiens même de l'Orient, catholiques et orthodoxes, savent bien apprécier les sympathies religieuses des Russes pour l'émancipation des Grecs que la politique moscovite a toujours abandonnés au glaive turc. Nous établirons plus loin que la religion des Russes s'éloigne de plus en plus de l'orthodoxie hellénique, et que la nationalité grecque sera détruite, comme celle de la Pologne, si on laisse les Fanariotes introduire les Russes à Jérusalem et à Constantinople.

C'est par des raisonnements captieux, ayant toujours pour texte les rapports de la religion, que les Russes se disent appelés chez les populations orthodoxes. Mais ce prétendu appel n'est fait que par les plus mauvais membres du clergé, et par des affidés également corrompus à force d'argent et de promesses. Tout ce qu'il y a d'hommes éclairés, hors ces Russolâtres séduits, se gardent bien de désirer que les Russes mettent le pied dans l'apanage grec. Les Hellènes veulent marcher sur la ligne politique que la réaction civilisatrice de l'Occident a tracée contrairement à la Russie.

A ce sujet, il est utile de faire observer, et cela pour signaler un des rochers contre lesquels s'est brisé en France le vaisseau de l'État, que l'étoile diplomatique de nos plus célèbres ministres s'éclipsa quand, pour plaire aux Russes, ils conseillèrent, à nos gouvernants, contrairement à mes vues politiques déjà adoptées et recevant un commencement d'exécution, de céder l'Orient aux czars et d'avoir, en compensation, les provinces situées en deçà du Rhin. L'imprévoyance politique alla même jusqu'à passer un traité secret dans ces conditions ; traité subversif menaçant de détruire l'équilibre continental et le droit des gens, en livrant la société à la licence des Cosaques, et la catholicité au fanatisme russe.

Les changements dynastiques de la France, et plus encore les commotions révolutionnaires presque générales de l'Europe, ont détourné notre politique de cette marche ruineuse. Mais les craintes d'alors deviennent aujourd'hui des alarmes en apprenant les exigences des Czars auprès des Turcs contre les catholiques. On va jusqu'à dire, ce qui n'est pas croyable, que les Austro-Prussiens consentiraient au partage de la Turquie, pourvu qu'ils en obtiennent une partie ; qu'il y a à craindre qu'ils ne tendent à résoudre le différent Turco-Russe, de manière à isoler la France et d'ajourner le combat à une saison favorable aux Russes ; enfin que l'empereur des Français céderait à l'audace moscovite et reviendrait sur les projets d'indemniser la France par les provinces rhénanes. Quand Napoléon Ier cédait aux Czars l'Orient pour l'Occident et le Midi, il méditait de les chasser ensuite de Constantinople. Mais l'état de la France et du reste de l'Europe n'est pas dans les dispositions où il se trouvait lors de l'entrevue des deux empereurs à Tilsit. Il ne faut donc pas croire à cet inexécutable et ruineux arrangement. Il faut le réfuter comme une calomnie, dont on veut ternir le nom des Bonaparte : l'envoi de notre flotte sur la mer de la Grèce contredit ces craintes. Napoléon III est trop intelligent, trop généreux, pour consentir à un acte si fécond en forfaits qui détruirait la société morale, et, en quelque sorte, la société matérielle.

En effet, que ferait-on alors des droits des nations, s'il était permis à des grandes puissances d'imposer silence à la justice et à la religion, pour se partager les peuples comme des troupeaux ? Pour ce qui regarde le génie français, nous dirions : Eh quoi ! notre nation civilisatrice, éminemment généreuse, chrétienne; notre nation, dont les expéditions en Égypte, en Grèce, en Algérie se montrèrent comme l'espérance des peuples opprimés ; notre nation se proclamant sans cesse conservatrice de l'ordre et de la société; notre nation se déclarant à Rome, les armes à la main, la protectrice du catholicisme, renverserait d'un seul coup ses principes de stabilité et d'amélioration sociales pour s'appuyer sur le glaive puissant des Cosaques, qui lui permettraient d'arrondir son territoire de quelques provinces, tandis qu'eux, insatiables conquérants, pourraient assouvir leur convoitise avec l'empire et les dépouilles des peuples faibles sur des terres plus vastes, plus fertiles, sur des échelles plus riches ! En concertant de pareils actes, comment la France serait-elle désormais la nation la plus civilisée, la plus libérale, la plus religieuse du monde ? Et comment de tels crimes pourraient-ils se concilier avec la mission d'éclairer et de protéger les peuples par l'élévation de ses doctrines et de sa puissance, lorsqu'elle s'abaisserait à jouer un rôle secondaire à l'égard de sa rivale ; lorsque, par la ruse et la force brutale, concertées avec le fanatisme et la barbarie, elle imposerait sa volonté spoliatrice aux nations qu'elle avait promis de défendre ?

Ce moyen est turc, cosaque, tyrannique, monstrueux, subversif du droit des gens, de l'équilibre continental, du catholicisme ; et la France ne peut l'employer sans détruire ses intérêts moraux, religieux, matériels qu'elle doit préférer à un triste dédommagement, si dérisoire en face des vastes conquêtes qu'elle céderait par faiblesse à sa rivale. En effet, cette compensation ne changerait pas l'influence de notre pays, parce qu'elle n'accroîtrait pas considérablement son territoire ; tandis que la Russie prendrait sur les échelles les plus importantes les grandes proportions qui la mettraient à même d'absorber le monde. Cette transaction ferait trop descendre la renommée de la France mise en opposition avec l'ascendant qu'elle donnerait aux Russes pour qu'elle soit ratifiée, lorsqu'on attend de son chef des idées et des actes pour agrandir son caractère parmi les Occidentaux et les catholiques qui espèrent trouver dans l'enfant de la révolution française, le conservateur de l'ordre et du progrès, le protecteur des peuples spoliés.

Que la France cherche à étendre ses limites sur les provinces rhénanes par les sympathies et autres rapports qui la lient à ses voisins, personne ne désire plus que moi son agrandissement.

Mais les obtenir par des concessions si humiliantes, si ruineuses, facilitant, en outre, sur l'Orient et l'Occident, sur le Midi et le catholicisme le débordement de la conquête, de la déprédation et du fanatisme ! quelle immense désolation pour le monde civilisé et l'Église latine ! Oh ! non. La France n'abdiquera pas sa loyauté ni sa magnanimité pour tomber, à ses dépens, dans les perfidies du machiavélisme. Elle n'effacera pas l'auréole de sa gloire, ne cédera pas les trésors de son influence et de son industrie pour apaiser les menaces d'un audacieux conquérant, dont l'empire colossal a, du reste, des pieds d'argile. Une nation intelligente sachant, comme la France, diriger ses armées et ses flottes bien organisées par une prévoyante politique, ne laissera pas le czar faire un pas en avant vers Constantinople, parce que c'est là que se réunissent les grands intérêts politiques, religieux et commerciaux de diverses nations contre le conquérant du nord. Il fait l'audacieux par des démonstrations extérieures lorsqu'il tremble dans l'intérieur de son empire à la pensée d'une nouvelle commotion en Europe. Le plus sûr moyen de faire tomber le masque de ce Rodomont, et de lui faire changer le glaive impérieux en caducée de prudence, c'est de montrer que l'audace ne sera pas feinte dans ses rivaux, c'est de l'attaquer en Pologne. L'Autriche et la Prusse lui feront mettre l'épée dans le fourreau. On dit : Ces deux puissances penchent du côté Russe. Non pas, quand la concentration de la Moscovie en Europe cause leur ruine. Plus, c'est le moyen d'empêcher les Austro-Prussiens de trahir la cause des Occidentaux, s'ils étaient tiraillés pour les Moscovites.

Quant aux Grecs, pour s'introduire chez eux, on leur dit : « Pouvez-vous résister au plus grand, au plus puissant des monarques, vous, dénués d'approvisionnements militaires ? A quoi servira votre courage contre l'immense majorité du nombre et des moyens ? »

Les Grecs ont-ils compté les armes et les soldats quand, exaltés pour sauvegarder leurs droits et leur indépendance, confiant dans l'énergie de leur vertu pour fair triompher leur cause sacrée, ils osèrent s'opposer aux plus grands monarques de la terre ; et défendre leur patrie de l'invasion étrangère ? Les Spartiates et les Athéniens, anciens et modernes, n'étaient qu'une poignée de braves devant les formidables armées de l'Asie. Mais que devinrent les phalanges innombrables des déprédateurs sur les rives de Marathon, de Salamine et de Platée ? N'avons-nous pas vu naguère les mêmes prodiges quand nos pères combattaient pour leurs droits, leur patrie, leurs femmes et leurs enfants ? A la vue du combat acharné entre le sultan Mamhoud et le pacha de Janina, n'ont-ils pas épié le moment de tourner les armes au triomphe de la cause hellénique ? Voilà trente-quatre ans d'expérience ayant encore les généraux et les soldats renommés qui sauront les conduire pour combattre quiconque vient les empêcher de continuer leur régénération et s'emparer des fruits de leurs travaux. Se laissereront-ils asservir à un joug plus lourd, plus durable ? De quel droit le conquérant du nord veut-il posséder une terre qui leur appartient, qu'ils ont arrosée de leur sueur, de leur sang, afin de la reconquérir et de la féconder en apanage à leurs enfants? Avec quelle effronterie de lèse-humanité arriveraient s'y établir en maîtres, ces apathiques spoliateurs qui ont vu, pendant des siècles, vendre et massacrer les familles grecques, sans arrêter le glaive qui frappait sur les têtes opprimées? Qui ne se souvient des ordres que le Czar donnait en 1841 à ses ambassadeurs et à ses consuls de sommer les chrétiens de la Bulgarie, du Mont-Liban et de Candie de se soumettre aux Turcs, quand ceux-ci égorgeaient les Bulgares et les Crétois réfugiés dans les églises? Ah! cette fois-ci la cause des Grecs est celle de la Société. Dieu et les nations aideront à la faire triompher.

Il importe hautement à la tranquillité des catholiques et des conservateurs de l'équilibre continental, que la diplomatie française et anglaise fasse pressentir que la France et la Grande-Bretagne soutiendront leurs intérêts en Orient par des armées, si le Czar prétend user de coercition auprès du sultan dans les différends actuels, attendu que ce qu'il veut enlever à la Turquie, il l'arrache en partie aux Occidentaux et Méridionaux, en ce qui a rapport aux résultats de cette violence concernant les saints lieux, et la prétendue protection sur les Grecs.

La marine française devrait être plus nombreuse en pyroscaphes et mieux montée en soldats sur le bassin de la Méditerranée. Il importe aussi que les gouvernements de la France et de l'Angleterre déclarent qu'ils ne négocient pas, avec les Moscovites, des traités ayant pour objet la cession de l'Orient aux Czars, afin d'obtenir en échange pour l'une, les provinces rhénanes, et, pour l'autre, l'Égypte. Il faut se tenir sur la voie politique tendant à séparer la politique des Occidentaux des conquêtes subversives des Russes, en vue de réunir à l'Europe méridionale, par la question de l'Orient, les conservateurs du statu-quo et de la paix avec les puissances orientales, mais en ce qui n'empêchera pas le triomphe des révolutions de la France et de la Grèce. Le progrès des améliorations humaines doit être harmonisé avec l'ordre social.

ALLIANCE DE SALUT COMMUN POUR LES NATIONS MÉRIDIONALES. — NÉCESSITÉ DE RECONSTITUER L'EMPIRE BYZANTIN.

Le *casus fœderis* pour la France, l'Angleterre et les autres puissances des régions sus-nommées, est arrivé. Si elles ne prennent pas une résolution décisive, dans cette occurence, contrairement à la réaction russe en Orient, elles flatteront dans cette puissance la dangereuse rivale qui va jeter l'immense désolation sur la société et le catholicisme par le bouleversement du concert politique établi en Europe. Le Czar, qui se disait conservateur de l'ordre, voilà son insatiable ambition qui le détruit en foulant aux pieds le droit des nations. C'est ici le cas de sauver la société de malheurs effrayants. Sans cette alliance des Méridionaux, ou sans la reconstitution de l'ancienne monarchie grecque, puissante, s'étendant sur la Romélie, y compris l'Hellespont et le Bosphore de Thrace, la Russie aura l'empire, même sur mer, dès qu'elle s'établira à Constantinople, d'où elle portera ses coups sur les possessions orientales des Anglais, et contre celles des Français sur les bords de la Méditerranée. Elle formera, avec les marins grecs, une puissance navale et commerciale de premier ordre.

D'un côté, la perte des Indes pour les Anglais, ne leur laissant plus les trésors qui alimentaient leur marine, la Grande-Bretagne baissera pavillon, parce qu'elle ne peut lutter sur terre contre les armées russes ; de l'autre côté, dès que les Czars auront réuni les trésors des Indes à ceux que leur procureront les échelles de Constantinople, de l'Asie-Mineure et de l'Égypte, leur puissance navale, leur influence diplomatique, leurs armées de terre l'emporteront également sur la France dans le reste du littoral méditerranéen. Il faut donc ne pas laisser le Moscovite avoir l'empire sur cette mer. Les progrès de ses conquêtes peuvent être plus ou moins éloignés, mais ils seront certains, si on lui permet de devenir géant à l'égard des autres souverains par la possession des éléments immenses de prospérité et de puissance que lui donnerait la conquête de Constantinople. L'établissement de l'ancienne monarchie grecque, formant un boulevard contre l'invasion septentrionale et une alliance entre les Méridionaux, devient le moyen de préservation et de salut pour tous. Le moyen de préservation encore plus sûr, c'est, en endemnisant les Austro-Prussiens, d'affranchir la Pologne, et mettre l'Autriche au delà du Danube oriental. L'intérêt de l'Europe demande cette combinaison.

La Prusse, l'Autriche et toutes les puissances secondaires sont encore plus menacées par le développement de la Russie vers le midi. Quels que soient les avantages que le Czar promette aux Austro-Prussiens pour les entraîner dans ses plans et lui garantir les frontières de la Pologne contre la France et l'Angleterre, ils descendront au rang de petits États en face des proportions gigantesques que prendra, par ses nouvelles possessions, l'empire moscovite. L'équilibre des pouvoirs politiques et militaires dont ces deux peuples tenaient la balance, en se rangeant du côté de l'Europe méridionale contre leur dangereux ennemi du septentrion, sera rompu. Ce contrepoids enlevé, ils se trouvent livrés à la volonté d'un insatiable conquérant. Comment l'Autriche peut-elle se flatter de conserver son indépendance, ses possessions orientales et la paix avec les Russes quand ceux-ci posséderont les provinces moldavo-valaques, auront mis sous leur protection les Serbes, les Épirotes, les Gréco-Slaves, les Monténégrins, tous les orthodoxes de la Romélie et de l'Asie-Mineure ; quand ils pèseront sur l'empire de Vienne et le royaume de Prusse ? Une fois qu'ils seront arrivés sur les rives de l'Albanie, leurs flottes n'auront plus qu'à franchir la mer Adriatique pour posséder Rome et l'exarquat de

Ravenne, provinces de l'ancien empire grec, dont le Czar prétend usurper les dépouilles, sous le masque grec.

Les conquêtes de la Russie sont plus dangereuses pour l'Autriche et la Prusse, mais elles bouleversent les autres États. Le fanatisme moscovite ramène les peuples aux temps des persécutions religieuses. La barbarie conquérante arrête le progrès de la civilisation. Cependant ses antipathies éclatent avec plus de fanatisme contre les catholiques. Ses coups les plus cruels seront, comme en Pologne, contre les papistes. L'intérêt de la religion, de l'humanité, de l'équilibre continental appelle donc la France, l'Angleterre, la Prusse et l'Autriche à former avec les puissances secondaires une alliance contre la Russie, pour ce qui tient aux garanties de l'indépendance des Hellènes et des émancipations gréco-slaves, soit qu'ils restent sous la domination turque, soit que, par leur résolution, ils se constituent indépendants sous un gouvernement séparé, formant une digue contre les invasions russes, à l'aide des puissances susnommées ; ce traité devant avoir pour clause principale que la Russie ne fera pas la conquête de la nouvelle fondation, et que le débordement de la Moscovie aura des digues dans les provinces Danubiennes et Polonaises. La force des choses, comme l'intérêt général, provoque cette coalition pour le salut commun, car elle est aussi nécessaire à la conservation de l'équilibre continental et du droit des gens qu'à l'indépendance respective des puissances. Il n'est plus temps d'employer une modération qui dégénère en faiblesse déshonorante et ruineuse quand la Russie a jeté le masque. Les conférences diplomatiques doivent avoir désormais pour base non-seulement l'évacuation des provinces Moldavo-Valaques, mais l'indemnité au commerce du monde. Si la justice doit être comptée devant la force brutale d'un perturbateur du repos public et de la fortune des nations, le monde politique et industriel a été trop lésé pour ne pas exiger des garanties pour son avenir. Voilà comment on assurera la paix universelle, sinon absolument, peut-être moralement.

La France et les autres nations alliées que nous venons de nommer, ayant des doctrines élevées, ne doivent pas se charger de la mission impie de défendre la légitimité absurde des Turcs, et encore moins de la police politique de remettre les chrétiens presque affranchis à la chaîne des infidèles. Mais elles doivent séparer les droits des peuples asservis des occupations usurpatrices, soit que ces occupations aient été faites par le déprédateur ottoman, soit qu'elles se renouvellent par le conquérant russe. Les Hellènes et les Gréco-Slaves, quoique leur rite diffère de celui des catholiques, ne sont pas moins adorateurs de Jésus-Christ, et, comme tels, ils doivent être protégés par le droit des gens des chrétiens, d'autant plus que les Turcs et les Russes ne peuvent justifier leurs conquêtes en invoquant ce même droit des gens. Depuis que les Czars sont devenus chefs de leur Église comme de leur armée, constituant dans leur gouvernement une théocratie par la réunion des pouvoirs politiques et religieux, on peut dire que les Grecs sont plus rapprochés des Français sous les rapports religieux.

Si l'on fait abstraction de la suprématie du chef des deux Églises, on trouvera les orthodoxes de la Grèce et les catholiques presque aussi unis de religion dogmatique que les Athanase, les Basile et les Chrysostôme, avec les Ambroise, les Augustin et les Jérôme. Il y aurait grande impiété dans le progrès de notre civilisation et dans le génie de notre société de ne pas savoir sortir de la triste alternative de favoriser l'usurpation russe dans la force de la jeunesse, ou de retremper l'usurpation vieillie des Turcs.

Quant aux prétentions russes faisant l'objet de la mission du prince Menstchikoff, on répondra : 1° Est-il exact que les Russes soient coreligionnaires des Grecs depuis que le Czar est chef de son Église comme de son armée (1)? Les empereurs de l'ancienne monarchie grecque n'ont pas exercé cette théocratie. D'ailleurs, l'union de la religion n'emporte pas celle du territoire et de la nation, d'autant plus que le caractère grec n'a rien de commun avec celui des Russes, ni dans sa physionomie, ni dans sa langue, ni dans ses institutions civiles, ni dans le reste de son développement moral, ni dans ses travaux scientifiques, artistiques et littéraires, ni enfin dans ce que son génie national a manifesté pendant les temps anciens et modernes. De quel droit le russe s'arrogerait-il donc la qualité de grec pour greffer sa cause sur celle des Hellènes? Le Français se dit-il Allemand, Italien ou Espagnol, se fondant sur les rapports religieux avec les peuples? La commune origine même est-elle invoquée entre ceux-ci quand il s'agit d'intérêts politiques?

2° L'élection du patriarche de Constantinople, quoiqu'elle dût être faite par les fidèles de l'Église orthodoxe, selon l'usage de son élection primitive, avant l'usurpation turque, ne saurait être confirmée que par la métropole de l'orthodoxie. Ce droit revient aux Hellènes, puisque l'Église russe, en la supposant même en communauté de prières avec les autres Grecs, c'est de ceux-ci qu'elle relève, attendu qu'elle en a reçu les dogmes et les pratiques. Le métropolitain doit être au principal foyer des Grecs, quand un événement politique le déplace. Or, le foyer actuel des véritables Grecs est là où est la capitale de leur régénération nationale. Pour ce qui tient au culte des Grecs à Constantinople, il y a justice et convenance de la part des ambassadeurs chrétiens de demander collectivement au Sultan d'affecter Sainte-Sophie au service des deux cents mille orthodoxes qui habitent les parages de Constantinople, d'autant plus qu'il y a trop de mosquées pour le culte ottoman. Le patriarche grec de cette ville et son synode ont rempli un devoir sacré en protestant contre les prétentions russes qui se regardent métropolitains de l'orthodoxie. Les Russolâtres encourent donc l'anathème religieux et politique ; ils sont même parricides, puisqu'ils aident les usurpateurs du nord d'arriver à Constantinople détruire la nationalité et la suprématie religieuse des Grecs.

3° Les Saints Lieux appartenaient primitivement aux Grecs ; par conséquent les Russes, qui n'ont sur ces lieux ni droit primitif ni

---

(1) Voyez décret de Paul Ier.

droit de conquête à réclamer, ne peuvent invoquer que les titres de confraternité évangélique, que leur qualité d'adorateurs de Jésus admet parmi les possesseurs de cette pieuse préséance. Il résulte des effets des injustes prétentions des Russes, que la violence exercée sur les Turcs enlève à la France et aux autres catholiques ce qu'elle arrache au Sultan. Cette contrainte est un commencement d'usurpation et de spoliation de ce qui appartient en Orient aux chrétiens dans l'ordre civil, surtout de ce qui tient aux Grecs. La spoliation des Grecs-Unis de la Pologne commença par les mêmes prétextes de protection religieuse. Orientaux et Occidentaux sauront comment repousser la ruse moscovite, l'Attila et les nouveaux barbares du nord. L'expérience de cette protection hypocrite n'est-elle pas assez malheureuse? ne pèse-t-elle assez cruellement sur les nations? Faut-il qu'elle s'étende sur toute la société et le catholicisme, et laisser développer le chaos de la barbarie?

4° La commisération des Russes n'est pas sincère en faisant dire à leur représentant qu'ils ne peuvent plus voir avec indifférence la situation des peuplades de Monténégro, de la Bosnie, de la Servie, de la Moldavie, de la Valachie et de la Bulgarie, qui tiennent à la Russie par les liens de race et de religion. — Ces arguments ne sont pas dictés par ces populations. De quelle valeur ont été les prétendues sympathies des Russes pendant les siècles de martyre que les Grecs gémissaient sous la domination turque? Pour excuser l'apathie moscovite pendant les drames sanglants des luttes helléniques, on cite le traité d'Andrinople comme le bienfait russe ayant forcé les Turcs à reconnaître l'indépendance des Hellènes. Cette reconnaissance existait déjà de fait par l'obéissance des Ottomans à se soumettre aux opérations de l'expédition française en Morée. La cause des Hellènes et des autres Grecs est donc séparée de celle des Russes sous le rapport religieux comme sous le rapport politique. Elle est aussi séparée que celle de la civilisation de celle de la barbarie conquérante et fanatique, entre lesquelles il y a toujours combat secret ou déclaré. Il ne faut pas toujours laisser cette barbarie être assaillante; les méridionaux doivent la mettre à son corps défendant, s'ils veulent la dompter à la raison sociale. Le climat lui donne une audace sauvage, mais les coalisés de l'Europe doivent, en temps opportun, par un accord de salut commun, se préserver du sort malheureux des anciens romains.

Pour satisfaire leur ambition, les usurpateurs vont plus loin chercher de plus singuliers droits, de plus étranges rapports avec les Grecs.

L'Autriche monte au temps de Ferdinand d'Espagne, qui prétendait avoir acheté d'un Paléologue les droits au trône de Constantinople. Ses États ayant été réunis à ceux de l'Autriche par suite de la réunion des deux trônes au temps de Charles-Quint, le cabinet de Vienne réclamerait comme héritage acquis le domaine des empereurs grecs. D'un autre côté, c'est une Zoé Paléologina, sortie du même Paléologue, qui transmet l'héritage byzantin au maître de la Russie. — Les anciens empereurs de Constantinople ayant dominé presque sur tout le monde connu avant le XV⁵ siècle, leurs filles se marièrent avec les souverains les plus puissants de l'époque. Est-ce à dire pour cela que chacun des descendants de ces princesses a droit à la succession ou au partage de Constantinople? Est-on encore à ces absurdes prétentions que l'apanage grec est à posséder par droit de déshérence, parce qu'il n'y a plus ni peuple ni prince grecs? Si la justice et l'intérêt général doivent prévaloir, on aidera la régénération de la Grèce avec le retour de ses princes sur le trône de leurs aïeux. On se rappelera alors que les Comnène tiennent à Constantinople, comme à Trébisonde et à la Laconie, où ils ont successivement régné jusqu'au dernier moment de l'indépendance grecque; à Trébisonde jusqu'en 1562, et, parmi les Spartiates, sous le titre de Protogéros, jusqu'en 1676. Passés de là en Corse, ils se sont établis ensuite à Paris, où se trouve encore le prince N. Stephanopoli Comnène. Leur descendance impériale fut reconnue par lettres patentes données en 1782, par Louis XVI, à Démétrius Stephanopoli Comnène. Ce fut celui-ci qui présenta, comme son parent, l'auteur de ce mémoire, au ministère des affaires étrangères. Les Grecs rétablis dans leurs droits, non-seulement seraient un retour sur la voie des réparations nationales, mais un rétablissement de morale et d'équilibre politique pour la stabilité sociale contre les secousses des grands conquérants. D'ailleurs ces considérations ne sont pas même consignées ici dans l'intérêt personnel; mais dans celui de donner aux puissances rivales des raisons de repousser les prétentions absurdes des Russes.

Si les Moscovites désirent sincèrement le bonheur des Grecs, eh bien, leur dira le reste de l'Europe : « Puisque l'empire ottoman tombe en ruines, réunissons-en les débris, formons-en un État fort, indépendant, avec les populations de la Romélie; mettons-le sous la protection des puissances européennes en reconstituant, avec les Hellènes et les autres chrétiens de l'Orient, l'ancienne monarchie grecque, et une espèce de confédération à l'instar de celle de la Germanie, dans les provinces moldavo-valaques et Bosniaques, sans que vos conquêtes détruisent l'équilibre continental ni le droit des gens. Les insurgés de la Turquie européenne, déjà indépendants ou se croyant à la veille de le devenir, ne sont pas si aveugles pour vouloir changer un joug prêt à être brisé pour se soumettre à un autre plus lourd, plus durable, ne leur laissant pas l'espérance de le secouer. Les Hellènes et les autres grecs ont en horreur les usurpations : s'ils ne désirent pas voir retremper l'empire Ottoman, ils ne doivent pas, non plus appeler sur eux le Panslavisme détruire leur nationalité. D'ailleurs la cause hellénique doit être considérée dans son importance du progrès social, de l'ascendant chrétien sur l'Islamisme, de l'équilibre des pouvoirs, de la réaction de l'Occident vers l'Orient, de nos expéditions civilisatrices anciennes et modernes, de nos précédents politiques contre les barbaries conquérantes que les Français et les autres occidentaux ne peuvent apostasier pour consommer leur ruine.

Il serait bien malheureux pour nous, véritables enfants de la Grèce et héritiers directs de nos aïeux, de voir d'autres conquérants s'emparer de nos droits, de nos dépouilles, des titres que nos ancêtres nous ont transmis à la protection de la chrétienté et du monde civilisé, car ce furent nos ancêtres qui donnèrent la civilisation aux nations policées, et ce furent les Comnène qui contribuèrent le plus à la sauver, à Constantinople, des naufrages et des destructions barbares jusqu'au XV° siècle, lorsqu'ils la transmirent aux Italiens et aux Français par les transfuges du Bas-Empire ; de voir de nouveaux déprédateurs venir posséder, sous prétexte de protection, le patrimoine qui nous est dû, sur lequel ils n'ont ni droit de naissance ni droit de bienfait, sur lequel ils ne sont que des intrus masqués ; de voir occupé notre pays que nous avons commencé à recouvrer ; de voir encore envahir cette terre classique par d'autres spoliateurs encore plus impies que les Turcs, car ils abusent du nom sacré de la religion pour exercer l'asservissement et la licence sur les lieux classiques de la sagesse et du christianisme devant les nations civilisées. Leurs malveillantes détractions contre les descendants des Bysantins, tendantes à déconsidérer devant le peuple grec les enfants de ses anciens gouvernants, en vue de rester maîtres de l'apanage grec, c'est la répétition de ces déprédateurs du moyen âge, qui calomniaient dans les Byzantins les victimes qu'ils avaient spoliées ; car ces Byzantins, tant décriés, non-seulement sauvèrent les monuments de l'esprit humain à travers les incendies destructeurs des Barbares ; mais, champions de l'humanité, de la civilisation et du christianisme, quoique mêlés avec les races dégénérées des Romains amenés dans cette capitale par Constantin-le-Grand, ils soutinrent leur empire plus que jusqu'à la moitié du XV° siècle, contre toutes les barbaries venant fondre sur eux du Nord et du Midi, de l'Orient et de l'Occident. Russes et Arabes, Turcs et Normands, partout irrésistibles ; chez les Grecs seulement, leurs efforts se brisèrent jusqu'à cette époque, tandis que l'empire romain avait cessé d'exister mille ans avant la chute héroïque de Byzance. On peut donc dire, à la gloire des Grecs, que les Bysantins, empereurs ou sujets, en propageant et sauvegardant la civilisation chrétienne et moderne, furent aussi bienfaisants pour le genre humain que les grands hommes de Sparte et d'Athènes par la propagation de la civilisation ancienne. C'est par l'échelle civilisatrice de Constantinople, qui avait sauvé les monuments de l'esprit humain, que les nations modernes ont élevé si haut la civilisation de l'Europe.

Quelles autres calomnies n'a-t-on pas répété contre les Hellènes, afin d'étouffer leur génie et leurs grands citoyens, et de les faire gouverner par quelque intrus, groupant autour de lui des intrigants aventuriers, tous ayant le mot d'ordre pour empêcher la régénération réelle des Hellènes ; tous concourant à écarter du gouvernement les vrais enfants de la Grèce ? Ceux-ci se dévoueront au bonheur de leurs compatriotes, tandis qu'un gouvernant étranger viendra parmi eux les diriger selon l'esprit et l'intérêt de la nation puissante qui le leur a imposé. Non, ce ne sont pas les véritables Grecs qui appellent la domination et la suprématie religieuse des Russes. Ce ne peuvent être que des hommes corrompus, aveugles ou compromis, recueillis dans le ramassis des mauvais Fanariotes, et des âmes vendues dans les Hospodariats, prêts à se donner à la première puissance qui se fera précéder par quelques émissaires séducteurs, sous prétexte de briser leurs fers. Le mal des succès moscovites sur le Bosphore sera plus grand que celui du partage de la Pologne, puisqu'il s'étendra sur l'Occident, le Midi et l'Orient de l'Europe, dont la Russie prendra la plus grande et la meilleure partie pour y centraliser l'absorption et le fanatisme. Ses tentatives actuelles sur les provinces Danubiennes sont des exécutions testamentaires des plans de Pierre-le-Grand.

Au XVe siècle, les chrétiens se repentirent de ne pas avoir écouté le cardinal Bessarion lorsqu'il les appelait à repousser les Turcs prêts à s'emparer de Constantinople. Vénitiens et Génois, se promettant une partie des dépouilles grecques, étouffaient sa voix. L'esprit hostile aux Grecs persiste à empêcher la mienne de parvenir aux conservateurs de la société moderne. Eh bien, si un génie bienfaisant n'impose pas silence au mal, à la discorde, à l'orgueil qui détruisent la vertu chez les nations, Dieu ne brisera pas le fléau de l'invasion barbare, mais il le laissera comme un châtiment flageller les pervers. Les souverains n'auront pas moins à souffrir que les peuples de la part des conquérants modernes qui enveloppent aujourd'hui cette illustre cité. Le système de la Russie n'est pas moins absorbant que celui des Ottomans quand ils occupaient l'Afrique, l'Espagne, qu'ils arrivaient aux portes de Rome et de Vienne. Ces souverains, aujourd'hui puissants pendant que le Czar ne franchit pas les limites de ses États, deviendront des pygmées en face du géant russe, quand ils l'auront laissé s'agrandir pour les dévorer.

Le chef de l'Église catholique ne saurait assez travailler, lui aussi, avec les successeurs de Charlemagne, autant pour s'assurer l'apanage qu'il reçut de ce grand empereur, que pour préserver la catholicité du fanatisme des Moscovites, déjà presque aussi nombreux que tous les catholiques, et qui renouveleront sur toutes les terres conquises les persécutions religieuses qu'ils pratiquèrent en Pologne contre les religieuses de Minsk.

Enfant de la Grèce, ayant consacré mes facultés à la délivrance de mes anciens compatriotes, et contribué, par suite de travaux sérieux, à donner ce mouvement vers l'Orient, qui a fait triompher la croix sur l'islamisme, qui a commencé en Orient la réhabilitation des chrétiens devant la loi ; descendant des Comnène, anciens empereurs de Constantinople, je proteste au nom des véritables Grecs et des conservateurs du droit des gens contre les prétentions des Russes, se disant Grecs et héritiers des Byzantins, pour s'emparer de nos titres. Je supplie les souverains de l'Occident, d'intervenir en faveur de nos droits, et d'empêcher que la force brutale des conquérants bouleverse l'ordre social sous le masque de protection. La Grèce est le théâtre politique où se débattent les intérêts du monde. C'est là qu'il faut empêcher les Russes de renouveler la perturbation dans l'ordre politique, religieux et commercial. La cause des Grecs n'est pas celle des Russes. Les nations faibles et la société entière attendent protection des chefs supérieurs qui ont entre leurs mains les destinées des peuples. Respect à leur caractère, mais confiance à leur sollicitude. C'est dans les grands périls que se révèlent les grandes vertus. Notre temps aura aussi ses héroïnes, ses grands pontifes et ses héros, qui sauront sauvegarder le dépôt sacré de l'ordre et de la religion. Ce choc du nord contre le midi réveille les intelligences supérieures à armer les puissances du monde civilisé contre le nouveau débordement de la barbarie. La force des choses, ou pour mieux dire la Providence, a rendu le salut des Grec snécessaire à celui de la société.

Voici les bases des nouvelles opérations diplomatiques et militaires, contrairement aux projets de la Russie vers le midi de l'Europe :

1° La modération des occidentaux ne doit pas dégénérer, comme au XVe siècle, en faiblesse déshonorante et ruineuse, ni en indifférence religieuse ;

2° L'évacuation préalable de l'armée Russe des provinces Moldavo-Valaques ou de tout autre point des provinces Greco-Slaves ou Turques ;

3° La juste indemnité aux dommages que l'attitude guerrière des Russes, surtout l'occupation des provinces Moldavo-Valaques ont causé au commerce des peuples et aux gouvernements Anglo-Français dont les armements et les expéditions maritimes ont dû prévenir la destruction sociale ;

4° La reconstitution de l'ancienne monarchie Grecque avec les populations chrétiennes de l'Orient, comme digue contre les invasions Septentrionales, comme réparation à la justice des nations, à la morale politique, et aux droits des chrétiens qui ont été violemment spoliés par les barbares ;

5° La remise de Sainte-Sophie aux orthodoxes de Constantinople ;

6° La séparation de la cause des Grecs de celle des Russes.

Si l'Autriche s'était engagée, pendant l'insurrection de la Hongrie, à favoriser la Russie dans ses conquêtes vers le midi, le reste de la société doit passer outre, et forçant toute résistance à la voix de Dieu et du genre humain. La Russie et ses partisans se placent, dans les questions orientales, hors les lois divines, humaines et internationales. Le déploiement des forces terrestres navales de la Russie, sur les bords du Danube, des mers Noire et Baltique, révèle ses projets, et ne laisse plus de repos au monde civilisé. L'Europe ne doit pas différer sa ruine ; mais elle doit la prévenir, sans se laisser tromper par la feinte adhésion de la Russie à la Note des quatre puissances. De leur côté, les Turcs doivent, en attendant, affranchir Jérusalem en faveur des chrétiens, et donner aux rayas toutes les garanties d'une émancipation complète.

PARIS. — DE SOYE ET BOUCHET, IMPRIMEURS, RUE DE SEINE, 36.

www.ingramcontent.com/pod-product-compliance
Lightning Source LLC
Chambersburg PA
CBHW071449060426
42450CB00009BA/2350